Orações, bênçãos e celebrações para a família

CB080537

CÓPIA NÃO AUTORIZADA É CRIME
ABDR
ASSOCIAÇÃO BRASILEIRA DE DIREITOS REPROGRÁFICOS
RESPEITE O DIREITO AUTORAL

Dados Internacionais de Catalogação na Publicação (CIP)
(Câmara Brasileira do Livro, SP, Brasil)

Vasconcelos, Eder
Orações, bênçãos e celebrações para a família / Eder Vasconcelos. – Petrópolis, RJ : Vozes, 2013.

ISBN 978-85-326-4560-9

1. Bênção 2. Celebrações 3. Família – Aspectos religiosos 4. Orações 5. Vida cristã I. Título.

13-03594 CDD-249

Índices para catálogo sistemático:
1. Orações, bênçãos e celebrações para a família : Cristianismo 249

Eder Vasconcelos

Orações, bênçãos e celebrações para a família

EDITORA VOZES

Petrópolis

© 2013, Editora Vozes Ltda.
Rua Frei Luís, 100
25689-900 Petrópolis, RJ
Internet: http://www.vozes.com.br
Brasil

Todos os direitos reservados. Nenhuma parte desta obra poderá ser reproduzida ou transmitida por qualquer forma e/ou quaisquer meios (eletrônico ou mecânico, incluindo fotocópia e gravação) ou arquivada em qualquer sistema ou banco de dados sem permissão escrita da editora.

Diretor editorial
Frei Antônio Moser

Editores
Aline dos Santos Carneiro
José Maria da Silva
Lídio Peretti
Marilac Loraine Oleniki

Secretário executivo
João Batista Kreuch

Editoração: Andréa Dornellas Moreira de Carvalho
Projeto gráfico: Célia Regina de Almeida
Capa: Graph-it
Imagem da capa: Ícone bizantino da Sagrada Família de Nazaré.
O ícone representa a profunda unidade e espiritualidade da Sagrada Família, e inspira ternura e delicadeza.
A imagem simboliza o amor conjugal e a vida familiar para os cristãos.
São José abraça Maria e ambos seguram e abraçam Jesus Cristo.
Jesus tem a mão esquerda unida às de Maria e José, e sua mão direita erguida abençoa e aponta Maria. Assim as três mãos juntas expressam a unidade de Cristo com os esposos unidos pelos votos matrimoniais.

ISBN 978-85-326-4560-9

Editado conforme o novo acordo ortográfico.

Este livro foi composto e impresso pela Editora Vozes Ltda.

Para todas as famílias que diariamente rezam e para aquelas que ainda não possuem esta prática diária.

Sumário

Introdução

Orações, bênçãos e celebrações para a família é um livro que está dividido em três partes, a saber: orações, bênçãos e celebrações. O objetivo deste texto é auxiliar a família de hoje a encontrar pequenos momentos para rezar juntos. Por isso o uso dele é inicialmente para a família. Os protagonistas são os pais, os filhos e os amigos da família. No entanto, isso não quer dizer que outras pessoas não possam ter acesso ao conteúdo do texto.

As diversas orações foram escritas a partir da experiência de fé para serem rezadas pela família em comunhão com toda a Igreja. Como possuem um caráter bem familiar, é possível que cada integrante desse lar se coloque diante do

Pai amoroso e misericordioso para louvar e agradecer pelas maravilhas que Ele realiza no coração de cada um.

As fórmulas de bênçãos são inspiradas na antiga bênção de Aarão encontrada no Livro dos Números (6,22-27). A bênção é sinal da presença protetora e vivificante de Deus para com seu povo amado.

E, por fim, estão as celebrações que marcam datas significativas da vida familiar. É prazeroso celebrar em família momentos importantes que são como verdadeiras dádivas do próprio Deus.

Orações

Rezar pessoalmente ou em família para muitos ainda representa um grande desafio. A vida de oração é uma conquista de cada dia. Desejo de coração que estas orações possam ajudar você a caminhar rumo ao coração da grande Família Trinitária: Pai e Filho e Espírito Santo.

Santíssima Trindade: Família Divina

Senhor nosso Deus, que também és uma família – a Família Trinitária –, que nossa família encontre em ti a força transformadora para viver o amor verdadeiro como fonte que jamais se esgota. Que nas dificuldades cotidianas nós sintamos a tua presença acolhedora, amorosa e misericordiosa. Que nas nossas relações pessoais e interpessoais nós saibamos revelar com gestos e palavras que Tu és Amor, todo Amor, simplesmente Amor!

Santíssima Trindade, Tu que és a grande Família Divina, ajuda-nos a compreender que para ser uma família autêntica nós precisamos exercitar o espírito da comunhão e da participação.

Que em nosso lar ninguém se sinta ferido, excluído e desprezado. Que a nossa família seja um lugar onde se vive de fato a atmosfera da compreensão, do perdão e da reconciliação.

Ó Trindade Santa – Pai e Filho e Espírito Santo – que és um só Deus em três pessoas, fortalece os vínculos da unidade, da sinceridade e da fidelidade de nossa família hoje e sempre!

A ti toda honra, glória e todo louvor!

Oração dos pais

Querido Deus, Tu nos confiaste uma bela e grande missão: a missão de sermos pais. Desse modo, fizeste-nos participar de modo mais íntimo e concreto da tua bondade e do teu amor.

Somos muito felizes pelo dom da vocação paterno-materna. Nós te pedimos, Pai, pelos nossos filhos e filhas. Nós sabemos que o Senhor ama e cuida de cada um deles com um amor infinito.

Às vezes nós não compreendemos bem as atitudes deles e falta-nos a compreensão e a paciência. Pedimos perdão a ti por não sabermos agir da mesma forma com que Tu ages com cada um dos teus filhos e filhas.

Colocamos os nossos filhos em tuas mãos bondosas e misericordiosas. Tu és para eles a segurança, a coragem e a vida. Sabemos por experiência própria que és o amigo de todas as horas e que não nos decepcionas jamais.

Ó Deus, sê para eles o Caminho, a Verdade e a Vida. Senhor nosso Deus, que nossos filhos cresçam em sabedoria para discernir o que é melhor para eles e em graça para te reconhecer como único Senhor e Criador. Amém.

Oração dos cônjuges

Querido Pai, nós estamos aqui diante de teu infinito e eterno amor.

Tu és o Deus da vida e nunca nos deixas sozinhos. Neste momento colocamos as nossas mãos vazias nas tuas mãos cheias de misericórdia. Unge-as com o bálsamo da união e do amor. Nós te louvamos e te bendizemos pelo amor que uniu e continua unindo nossas vidas durante todos esses anos de convivência.

Pai, Tu sabes que tudo começou com o amor que foi nascendo e crescendo aos poucos entre nós dois. Sentíamos em nosso coração que não poderíamos viver um sem o outro. Sentíamos a ausência do outro.

Por isso, tomamos a livre decisão de unir nossos laços afetivos e entrelaçar nossas existências por meio do sacramento do amor. Hoje somos felizes e gratos por tantas coisas bonitas que vivenciamos juntos: a compreensão, a alegria, o perdão, a comunhão, a amizade e, de maneira especial, os nossos filhos, bênçãos especiais que recebemos de ti.

Senhor, nós te pedimos humildemente que revigores e fortaleças cada vez mais a aliança de amor e vida selada contigo no dia de nosso casamento. Amém.

Oração pela família

Senhor Jesus Cristo, Tu sendo o Filho muito amado de Deus quiseste ter uma família aqui na terra. Maria e José, teus queridos pais, certamente te ensinaram muitas coisas a respeito de Deus. Lá naquele pequenino lar de Nazaré sem dúvida aprendeste que o amor e a misericórdia estão acima de qualquer lei.

Ajuda-nos a fazer de nossos lares uma pequenina casa de Nazaré onde reine a paz, a justiça, a ternura, a compreensão e o amor recíproco. Senhor Jesus Cristo, não nos deixes desanimar diante dos grandes projetos que procuram destruir a família: patrimônio da humanidade. Dá-nos lucidez para não perder de vista que a família é a base para um mundo mais justo, fraterno e solidário.

Senhor Jesus Cristo, acompanha nas estradas da vida e protege do amanhecer ao anoitecer todas as nossas famílias espalhadas pelo mundo inteiro, mas, principalmente, aquelas que se encontram desestruturadas por tantas situações de dor e sofrimento. Senhor Jesus Cristo, entre em nossas casas e permaneça conosco. Amém.

Oração pela paz na família

Senhor Jesus, Tu és a nossa paz. A única paz verdadeira. Entra em nossa casa e permanece conosco. Entra também na casa de tantas famílias onde reina a violência, a agressão e a intolerância. Sê bem-vindo em nosso lar como o nosso hóspede por excelência.

Nós te acolhemos com gratidão e alegria, pois sentimos que com a tua presença a nossa família é mais feliz e serena. Nós queremos ser uma família verdadeiramente cristã. Comprometida com os valores do Reino. Queremos seguir os teus passos como discípulos e missionários.

Senhor Jesus, coloca em nosso coração o desejo de ser uma família mensageira da Paz e do Bem. Mas às vezes, Senhor, o egoísmo, a ignorância, a incompreensão, o ciúme, a raiva e até mesmo a violência tentam nos desviar da proposta da criação de um novo céu e uma nova terra.

Senhor, nestes momentos difíceis que muitas vezes não sabemos como proceder, nós te pedimos: dá-nos a luz do teu Santo Espírito para discernirmos com clareza o que é melhor para a nossa família. Amém.

Oração à Sagrada Família

Jesus, Maria e José, Família Santa de Nazaré, olhando atentamente para vós a nossa família encontra inspiração, força, alento e coragem para fazer de nosso lar um santuário da vida. Sabemos que a vida encontra-se muito fragilizada em nossos dias. São muitos os sinais de morte que nos rodeiam. Muitas famílias não têm mais referenciais capazes de apontar luzes e esperança.

Ó, Família Sagrada, sede sempre o nosso referencial de unidade e fidelidade a Deus. Ajudai-nos a viver esta experiência do espaço sagrado dentro de nosso próprio lar. Que neste santuário, que é a nossa casa, nós nos sintamos bem e felizes. Que nós possamos estar abertos para acolher o mistério de Deus que permeia todo o nosso ser e o ambiente onde habitamos. Que a nossa casa seja um lugar de irradiação de amor, carinho, amizade, ternura e companheirismo.

Jesus, Maria e José, abençoai e protegei o nosso lar agora e sempre. Amém.

Oração pela Igreja Doméstica

Ó Pai querido, de quem procede o dom da paternidade e maternidade no céu e na terra, ilumina-nos na nossa missão de pastorear a verdadeira Igreja Doméstica. Que em nosso pastoreio haja diálogo sincero e respeitoso. Que nunca falte a oração e a meditação de tua palavra. Que diante dos grandes desafios que o pastoreio nos apresenta nós saibamos agir com sabedoria e prudência contando sempre com o auxílio da luz do teu Santo Espírito para nos orientar e conduzir.

Ó Pai, não é fácil exercer o nosso ministério de educar os filhos em um processo de fé e vida. Mas sabemos que Tu caminhas ao nosso lado. Tu és nosso Deus e Senhor. Dá-nos coragem e ânimo para continuar exercendo a nossa tríplice missão recebida no batismo de ser sacerdote, pastor e rei no seio de nossa família.

Ó Pai, que os nossos filhos encontrem em nós confiança, carinho e apoio para o seu crescimento integral: humano, espiritual, psicológico, moral e social.

Ó Pai, que amas com amor eterno cada um de teus filhos e filhas, derrama todas as graças e bênçãos do céu sobre a nossa pequena Igreja Doméstica. Amém.

Oração de um(a) jovem pela família

Querido Deus, hoje, de um modo muito especial, eu quero te pedir por minha família. Tu sabes a grande importância de uma, pois quiseste que teu Filho Jesus nascesse na família de Nazaré. Eu não tenho dúvida de que a melhor coisa que colocaste em minha vida foi a minha família. Tenho consciência de que ela não é perfeita, mas, diante das dificuldades e provações de todo tipo, ela procura permanecer unida e caminhar seguindo em frente.

Querido Deus, olha pelo meu pai. Dá sempre a ele um pouco do teu espírito de amor e sabedoria para que ele seja firme na sua missão sem deixar de ser carinhoso e amigo.

Cuida, protege e abençoa também a minha mãe. No dia a dia ela procura com palavras sábias e gestos carregados de carinho transparecer o teu rosto maternal.

Eu te peço ainda que não esqueças meus irmãos e irmãs. Guia os passos de cada um deles no caminho da vida. Quando estou com eles, sinto-me acolhido e amado.

Querido Deus, eu te louvo e te bendigo pela maravilhosa família que me deste. Amém.

Oração de um(a) filho(a) pelo pai

Querido Deus, hoje quero rezar pelo meu pai, homem simples, silencioso e humilde. Eu te suplico, Senhor, que concedas a ele a fortaleza, a coragem e a paciência para continuar a missão recebida de tuas mãos.

Senhor, eu sei que sem a tua graça o meu pai certamente não teria superado as grandes dificuldades do dia a dia para manter a nossa família sempre unida. O meu coração se enche de contentamento ao olhar para o rosto sereno e tranquilo do meu pai. Nada foi capaz de deixá-lo desesperado e sem saber em qual direção caminhar.

Creio que toda essa paz e serenidade ele buscou e encontrou no teu coração de Pai. Essa experiência de amor filial me leva a olhar para o teu amado Filho Jesus e exclamar com todo o meu ser: "Abbá Pai!"

Meu amado Senhor, eu te bendigo pelo meu velho e amigo pai em quem vejo resplandecer a tua face bondosa, terna e misericordiosa. Amém.

Oração de um(a) filho(a) pela mãe

Querido Deus, como é bom ser filho(a). Por isso estou aqui para te dizer muito obrigado(a) pela mãe que Tu me deste. Em cada gesto de carinho e afeto externado por ela vejo a tua face bondosa e misericordiosa. Olhando para a minha mãe e olhando para o Senhor percebo que entre vocês existe algo em comum. E certamente é a capacidade de amar sem limites. É o amor humano e o amor divino se entrelaçando na realidade do mundo. É a totalidade do amor ganhando visibilidade.

Senhor, sem a minha mãe eu não seria a pessoa que sou hoje. Eu te peço que olhes sempre para ela com carinho e ternura principalmente nos momentos de tristeza, impaciência e solidão. Que nesses momentos ela jamais esmoreça e perca de vista a vocação para a qual foi chamada a viver e testemunhar dentro de seu lar e da sociedade.

Ó Maria, mãe do Filho muito amado de Deus, seja a guia e a eterna companheira de minha mãe. Amém.

Oração de fé da família

Creio na família, berço da civilização do amor.
Creio na família, escola de fé e vida.
Creio na família, patrimônio da humanidade.
Creio na família, pequena Igreja Doméstica.
Creio na família, comunidade de perdão.
Creio na família, casa de oração e devoção.
Creio na família, espaço de crescimento integral.
Creio na família, aliança eterna de amor.
Creio na família, *celula mater* da sociedade.
Creio na família, instituição promotora da vida plena.
Creio na família, santuário que guarda a vida.
Creio na família, sacrário do amor e da ternura.

Creio na família, rede de relações amigáveis.

Creio nos pais, sacramento do amor de Deus.

Creio nos filhos, bênçãos do Senhor aos pais.

Creio nos avós, figuras que irradiam paz e serenidade.

E, por fim, creio em Deus – Pai, Filho e Espírito –, que é Vida, Amor, Família, Trindade.

Bênçãos

A bênção é um gesto bonito e cheio de significado. Muitas famílias ainda têm o costume de abençoar seus filhos e netos. Por meio da bênção dos pais Deus volta seu olhar benigno para aquele que recebe a bênção. Espero que nas experiências do cotidiano sejamos sempre uma bênção para as pessoas que estão ao nosso redor.

Bênção da manhã

Nós te louvamos e bendizemos, Deus de bondade e de misericórdia, pelo novo dia que amanhece. Que durante o percurso deste dia nós possamos ser sinal de tua bênção para todas as pessoas que encontrarmos. Que possamos perceber os vestígios da tua bondade presente na criação e te glorificar. Que nosso trabalho não vise apenas ao lucro, mas nos leve a contemplar a tua presença nas realidades mais simples da vida.

Senhor nosso Deus, como é bom iniciar este dia lançando o nosso olhar para ti. Sabemos que vais nos acompanhar em tudo o que fizermos durante este dia. Que em nenhum momento esqueçamos que tua mão protetora está sobre nós. Que nossa vida não seja motivo de decepção para ninguém. Que saibamos perceber o teu rosto no rosto de nosso semelhante.

Ó Pai, o nosso coração está cheio de gratidão pelo amor com que nos ama. É maravilhoso sentir dentro de cada um de nós a suavidade do teu amor. Obrigado(a), Senhor, por este dia que está apenas iniciando.

Bênção da noite

Senhor, já é tarde e a noite se aproxima. Pedimos insistentemente a ti, como fizeram os discípulos de Emaús: fica conosco. Permanece em nossa casa. Entra e senta-te conosco para participar de nossas alegrias e tristezas. Gostaríamos de te receber como nosso hóspede. Nosso coração se abre para te acolher como o divino caminhante. Senhor, que o nosso lar arda de amor por ti. Sabemos que a nossa casa precisa tanto da tua presença e do teu aconchego.

Senhor, permanece conosco para que a alegria, a esperança e a amizade voltem a reinar entre nós. Acompanha-nos nesta noite. Vela nosso sono. Acompanha os viajantes e peregrinos. Que a noite seja serena e tranquila. Senhor, te agradecemos pelo dia que passou. Obrigado(a) pelas pessoas que encontramos e nos revelaram a tua presença amorosa.

Colocamos tudo de bom em tuas mãos, acolhe como nossa verdadeira oferenda. Senhor, que durante o sono o nosso coração esteja sempre voltado para ti.

Bênção dos filhos

Senhor Jesus Cristo, que abençoaste as crianças e disseste que o Reino de Deus pertence a elas, nós te pedimos: abençoa os nossos filhos e filhas para que cada dia cresçam mais em sabedoria, generosidade e graça diante da tua presença.

Senhor Jesus Cristo, que também viveste a condição de Filho entre nós, ensina aos nossos filhos e filhas a obediência filial. Mostra-lhes a beleza de ser filho e filha que procura em tudo fazer a vontade do pai.

Senhor Jesus Cristo, Filho muito amado do Pai na força do Divino Espírito que é plenitude de amor, derrama sobre nossos filhos e filhas a paz, a saúde, o amor, a coragem, o ânimo e a benevolência todos os dias de suas vidas. Amém.

Bênção para o cônjuge

Ó Pai querido e cheio de misericórdia, abençoa todos os momentos da vida do meu esposo(da minha esposa). Que a existência dele(dela) seja alegre, radiante e feliz. Que nada possa separá-lo(a) ou dividi-lo(a) interiormente. Que com o passar dos anos nos tornemos de fato um só coração e uma só alma. Dá-lhe a luz do Espírito Santo para iluminar os seus passos na longa estrada da vida. Que nunca lhe falte a tua bênção e proteção.

Ó Pai querido, com as minhas mãos erguidas eu lhe peço humildemente que mantenha tua mão bondosa e protetora sobre o meu esposo(a minha esposa) para que ele(ela) possa irradiar ternura, carinho e bondade para os nossos filhos e para o nosso lar.

Ó Pai querido, por fim eu te peço: abençoa todos os sonhos e projetos do meu esposo(da minha esposa). Dá a ele(ela) um coração grande e amável que é sinal de verdadeira espiritualidade. Amém.

Bênção da família

Ó Deus Pai Criador, abençoa a nossa querida família para que ela seja de fato santuário da vida e do amor.

Ó Deus Filho Salvador, abençoa a nossa pequena Igreja Doméstica para que ela cresça a cada dia na escuta de teu Evangelho.

Ó Deus Espírito Santo Consolador, abençoa o nosso lar para que ele seja um espaço de acolhida, carinho e ternura.

Ó Trindade Santa, Pai e Filho e Espírito Santo, fonte da eterna comunhão e participação, dá-nos a tua bênção, agora e sempre. Amém.

Bênção dos noivos

Deus Pai, fonte da vida e do amor, derrama a tua bênção paternal sobre estes teus filhos amados que desejam crescer ardentemente no amor recíproco. Que a vida deles seja alegre e feliz. Que seus corações estejam sempre abertos para acolher a tua palavra que alimenta e sustenta no caminho da vida.

Que a vida deste casal (dizer o nome) continue sendo protegida pela tua mão protetora em todos os momentos de sua existência. Conduza-os com a luz do teu Divino Espírito para aquele momento em que dirão um grande sim à vida por meio do Sacramento do Matrimônio. Acenda em seus corações a chama do amor verdadeiro que é mais forte do que a morte.

Que a bênção do Pai Criador, o amor do Filho Salvador, a força do Espírito Santo Consolador estejam com este casal e permaneçam com eles hoje e sempre. Amém.

Bênção da casa

Senhor Jesus Cristo, nós te pedimos que venhas visitar a nossa casa para que com a tua visita entre nela o amor, o perdão, a conversão e a salvação. Abençoa, Senhor, esta casa e todas as pessoas que aqui moram. Que todos os espaços deste recinto estejam impregnados da tua presença amorosa e misericordiosa.

Que esta casa seja um lugar de acolhida a todas as pessoas que entrarem nela. Que ninguém ao entrar se sinta constrangido ou até mesmo menosprezado. Nós te pedimos humildemente sejas o refúgio para os que moram aqui, amigo e companheiro dos que saem e hóspede com os que entram neste espaço.

Derrama todas as bênçãos do céu sobre este lar e permanece conosco, Senhor, todos os dias de nossa vida. Amém.

Bênção dos avós

Ó Deus de amor e bondade, estende a tua mão benigna sobre os meus avós (dizer o nome) para que eles continuem sendo essa presença amiga e companheira. Que nunca lhes falte a atenção e o carinho necessários nesta fase especial de suas vidas. Que eles aprendam a cada novo dia que envelhecer é uma arte e não um peso terrível.

Senhor Deus Onipotente, eu sou tão grato(a) pelos avós que tenho. São pessoas amáveis e cheias de experiência e sabedoria. Com eles aprendo a ser sábio(a) para viver a vida como dádiva que vem de tuas mãos. E mais ainda, olhando para meus avós, aprendo que a vida é um eterno recomeçar.

Senhor, eu te peço por intercessão de São Joaquim e Sant'Ana, patronos dos avós, que abençoes a longa existência de meus avós com tranquilidade, paz e alegria. Bendito sejas, Senhor, pelos avós que me deste. Amém.

Bênção da criança

Senhor Jesus Cristo, que disseste: "Deixai vir a mim os pequeninos porque deles é o Reino dos Céus", nós te apresentamos esta criança para que a abençoes. Que ela possa crescer sadiamente em sabedoria e graça diante de teu Pai e nosso Pai. Que jamais lhes falte a assistência necessária em todas as fases de sua vida.

Senhor Jesus Cristo, amigo das crianças, abençoa também todas as crianças que não têm um lar onde possam crescer alegres e felizes. Que elas encontrem em nós acolhida, ternura e carinho. Senhor, nós temos consciência de que o Reino é dos pequeninos, das crianças. Não nos deixes perder a sensibilidade de sermos como as crianças. Desperta em nós a criança adormecida que quer viver e ser feliz dentro de nós.

Querido Jesus, que também foste criança pequena, abençoa e protege todas as crianças da terra. Amém.

Celebrações

Como é bom celebrar em família os acontecimentos felizes. Celebrar o perdão, a amizade, o amor é sem dúvida algo benéfico para todos. Em família celebramos a vida – dom recebido das mãos de Deus. Celebremos com júbilo e alegria os pequenos e grandes momentos na certeza de que a vida é uma festa.

Natal: *festa do amor e da vida*

Ambiente: Arrumar o presépio, vela, Bíblia, flores e outros símbolos natalinos etc.

Pai: Hoje a nossa família está aqui reunida para celebrar o nascimento do Menino Jesus. É uma alegria imensa poder olhar para Jesus e perceber que Ele sendo Deus fez-se tão pequeno para vir morar entre nós.

Todos: Menino Jesus, seja bem-vindo entre nós!

Mãe: Nesta noite santa o nosso coração pulsa forte de alegria por estarmos todos juntos. É um momento para agradecermos ao Deus menino por tudo o que Ele tem feito pela nossa família. A festa de hoje é uma festa que nos reúne e une no amor do Menino de Belém.

Todos: Obrigado, Menino de Belém, pela sua presença em nosso meio!

Filho: Natal é amor, vida e alegria. Neste momento abramos o nosso coração para escutar a palavra do Senhor.

Filha: "Mas um anjo disse aos pastores: 'Não tenham medo! Eu anuncio para vocês a Boa Notícia, que será uma grande alegria para todo o povo: hoje, na cidade de Davi, nasceu para vocês um Salvador, que é o Messias, o Senhor'" (Lc 2,10-12).

Filho: Façamos um instante de silêncio para acolher esta palavra fonte de vida e salvação.

Pai e Mãe: Vamos concluir este momento de celebração unindo as nossas mãos e corações para rezar como o próprio Jesus nos ensinou a rezar.

Todos: "Pai nosso, que estais nos céus..."

Páscoa em família

Ambiente: Acender uma vela (círio pascal da família).

Mãe: Neste dia celebramos a Páscoa do Senhor. É passagem da escravidão para a libertação. É também a passagem da morte para a vida. É a festa das festas!

Pai: O Senhor ressuscitou, Ele vive para sempre. A morte foi esmagada. A vida ressurge com vigor. A ressurreição é a maior prova do amor de Deus Pai para com o seu Filho amado Jesus.

Filha: Como não ficar alegre em saber que Jesus está vivo e caminha conosco hoje e sempre.

Filho: É por isso que neste momento nós vamos fazer memória deste grande acontecimento ouvindo um trecho do Evangelho de São Mateus: "Então o anjo disse às mulheres: 'Não tenham medo. Eu sei que vocês estão procurando Jesus, que foi crucificado. Ele não está aqui. Ressuscitou, como havia dito! Venham ver o lugar onde Ele estava. E vão depressa contar aos discípulos que Ele ressuscitou dos mortos, e que vai à frente de vocês para a Galileia. Lá vocês o verão. É o que tenho a lhes dizer'" (Mt 28,5-7).

Filha: Somente no silêncio esta palavra encontra um chão e nascerá em nosso coração.

Pai e Mãe: Agora vamos terminar a nossa celebração rezando todos juntos: *Senhor, bendizemos-te pela tua presença ressuscitada em nosso meio. Que a vida seja sempre mais forte do que a morte. Senhor, muito obrigado pela tua e pela nossa ressurreição. Aleluia! Aleluia!*

Celebração de aniversário de um filho ou uma filha

Ambiente: Ao redor da mesa da família ou na sala.

Mãe: Hoje é um dia muito especial para todos nós. Estamos aqui reunidos para celebrar o dom da vida de nosso(a) filho(a) (dizer o nome). Ele(a) é um dom de Deus para nós.

Pai: Somos agradecidos a Deus pelo grande presente que Ele nos deu. Nosso(a) filho(a) é uma bênção que enriquece nosso lar.

Irmão: Meu(minha) irmão(ã) é um(a) companheiro(a) que Deus colocou em meu caminho, por isso eu sou mais feliz com ele(a).

Amigo: Celebrar a vida é motivo de muita alegria e esperança. Amizade é algo muito precioso e valioso. Sinto-me grato por ser amigo do(a) (dizer o nome). Agora eu convido vocês a escutar uma palavra que vai alegrar mais ainda o nosso coração: "Nessa hora, Jesus se alegrou no Espírito e disse: 'Eu te louvo, Pai, Senhor do céu e da terra, porque escondeste estas coisas aos sábios e inteligentes e as revelaste aos pequeninos. Sim, Pai, porque assim foi do teu agrado'" (Lc 10,21).

Pai: Alguém gostaria de ler uma mensagem ou uma palavra ao aniversariante? Sinta-se à vontade!

Pai e Mãe: Jesus nos ensinou a chamar seu Pai também de Pai. Rezemos confiantes: "Pai nosso, que estais nos céus..."

Celebração de aniversário de casamento

Ambiente: Bíblia, flores, vela etc.

Casal: Hoje celebramos mais um ano de casamento. Unidos no amor rendemos graças a Deus nosso Pai pelo dom de nossas vidas. Nesses anos de convivência a sua mão bondosa sempre nos conduziu nos momentos alegres e tristes.

Filho: Nossos pais são exemplo para todos nós. Sua vivência do amor, da amizade, do respeito são as maiores provas de um casal que procura viver com fidelidade o projeto de Deus.

Filha: Com nossos pais aprendemos a seguir o caminho de Cristo e da Igreja. Somos gratos a eles, pois nos ensinaram muitos valores que jamais esqueceremos.

Um casal de amigos: O exemplo de nossos amigos nos motiva a continuar acreditando no amor e na família. Por isso, escutemos com atenção o que o Senhor nos fala nas Sagradas Escrituras: "Por isso, um homem deixa seu pai e sua mãe, e se une a sua mulher, e eles dois se tornam uma só carne" (Gn 2,24).

Filho: A palavra de Deus sempre foi e sempre será nosso alimento diário. Meditemos em silêncio essa palavra sagrada que acabamos de ouvir.

Casal: Senhor nosso Deus, renovamos na tua presença a promessa de continuar a caminhada sendo fiel um para com o outro todos os dias. Ajuda-nos em todos os momentos de crise a permanecer no amor e na fidelidade conjugal. Acolhe em tuas mãos o nosso propósito e o nosso desejo. Amém.

Celebração de bodas de casamento

Ambiente: Flores, Bíblia, vela etc.

Casal: Para nós é uma alegria podermos celebrar com a nossa família as nossas bodas de ... (prata/ouro/diamante). É uma recordação muito emocionante para nós. No dia de nosso casamento formamos uma família alegre e feliz.

Filho: Nós estamos felizes com este acontecimento que marcou a vida de nossos queridos pais para sempre.

Filha: Como é bom saber que somos o fruto do amor de nossos pais. Sem o seu amor nós não existiríamos. Por isso, pedimos que Deus os abençoe e os guarde em seu coração paterno e materno.

Casal de amigos: Nós somos testemunhas do amor de (dizer os nomes) durante esses anos todos que os conhecemos. São pessoas muito queridas para nós e para nossa comunidade. São amigos, irmãos e companheiros na caminhada de fé.

Filho: Nossos pais nos ensinaram a obedecer em primeiro lugar a Deus Pai. Essa obediência se dá pela escuta da palavra. Ouçamos a palavra do Senhor: "O amor é paciente, o amor é prestativo; não é invejoso, não se ostenta, não incha de orgulho. Nada faz de inconveniente, não procura o próprio interesse, não se irrita, não guarda rancor. Não se alegra com a injustiça, mas se regozija com a verdade. Tudo desculpa, tudo crê, tudo espera, tudo suporta. O amor jamais passará" (1Cor 13,4-8).

Filha: Senhor, purifica nosso coração para receber essa palavra que acabamos de escutar.

Esposo: Louvado sejas, meu bom Senhor, que pela tua bondade recebi (dizer o nome) por minha esposa.

Esposa: Louvado sejas, meu bom Senhor, que pela tua ternura recebi (dizer o nome) por meu esposo.

Casal: Louvado sejas, Senhor, nosso Deus querido, pelo dom do Sacramento do Matrimônio. Por meio dele somos sinais do teu amor e tua imensa bondade. Dá-nos sabedoria, força e coragem para continuar testemunhando tua aliança de amor com toda a humanidade.

(Pode-se usar alguma oração de bênção para encerrar a celebração.)

Dê um livro de presente!

EDITORA VOZES

www.vozes.com.br
vendas@vozes.com.br

EDITORA VOZES

Editorial

CATEQUÉTICO PASTORAL

Catequese – Pastoral
Ensino religioso

CULTURAL

Administração – Antropologia – Biografias
Comunicação – Dinâmicas e Jogos
Ecologia e Meio Ambiente – Educação e Pedagogia
Filosofia – História – Letras e Literatura
Obras de referência – Política – Psicologia
Saúde e Nutrição – Serviço Social e Trabalho
Sociologia

TEOLÓGICO ESPIRITUAL

Biografias – Devocionários – Espiritualidade e Mística
Espiritualidade Mariana – Franciscanismo
Autoconhecimento – Liturgia – Obras de referência
Sagrada Escritura e Livros Apócrifos – Teologia

REVISTAS

Concilium – Estudos Bíblicos
Grande Sinal
REB – SEDOC

VOZES NOBILIS

Uma linha editorial especial, com importantes autores, alto valor agregado e qualidade superior.

PRODUTOS SAZONAIS

Folhinha do Sagrado Coração de Jesus
Calendário de Mesa do Sagrado Coração de Jesus
Agenda do Sagrado Coração de Jesus
Almanaque Santo Antônio – Agendinha
Diário Vozes – Meditações para o dia a dia
Guia Litúrgico

VOZES DE BOLSO

Obras clássicas de Ciências Humanas em formato de bolso.

CADASTRE-SE
www.vozes.com.br

EDITORA VOZES LTDA.
Rua Frei Luís, 100 – Centro – Cep 25689-900 – Petrópolis, RJ – Tel.: (24) 2233-9000 – Fax: (24) 2231-4676
E-mail: vendas@vozes.com.br

UNIDADES NO BRASIL: Aparecida, SP – Belo Horizonte, MG – Boa Vista, RR – Brasília, DF – Campinas, SP
Campos dos Goytacazes, RJ – Cuiabá, MT – Curitiba, PR – Florianópolis, SC – Fortaleza, CE – Goiânia, GO
Juiz de Fora, MG – Londrina, PR – Manaus, AM – Natal, RN – Petrópolis, RJ – Porto Alegre, RS – Recife, PE
Rio de Janeiro, RJ – Salvador, BA – São Luís, MA – São Paulo, SP
UNIDADE NO EXTERIOR: Lisboa – Portugal